First Picture Dictionary
Animals

Primul Dicționar cu Imagini
Animale

Pig
Porc

Butterfly
Fluture

Rabbit
Iepure

Fox
Vulpe

Illustrated by Anna Ivanir

www.kidkiddos.com
Copyright ©2024 by KidKiddos Books Ltd.
support@kidkiddos.com

All rights reserved. No part of this book may be reproduced in any form or by any electronic or mechanical means, including information storage and retrieval systems, without written permission from the publisher, except in the case of a reviewer, who may quote brief passages embodied in critical articles or in a review.
First edition, 2025

Library and Archives Canada Cataloguing in Publication
First Picture Dictionary - Animals (English Romanian Bilingual edition)
ISBN: 978-1-83416-729-9 paperback
ISBN: 978-1-83416-730-5 hardcover
ISBN: 978-1-83416-728-2 eBook

Wild Animals
Animale Sălbatice

Lion
Leu

Tiger
Tigru

Giraffe
Girafă

✦ A giraffe is the tallest animal on land.
✦ *O girafă este cel mai înalt animal de pe uscat.*

Elephant
Elefant

Monkey
Maimuță

Wild Animals
Animale Sălbatice

Hippopotamus
Hipopotam

Panda
Panda

Fox
Vulpe

Rhino
Rinocer

Deer
Cerb

Moose
Elan

Wolf
Lup

✦A moose is a great swimmer and can dive underwater to eat plants!

✦*Un elan este un înotător excelent și poate să se scufunde pentru a mânca plante!*

Squirrel
Veveriță

Koala
Koala

✦A squirrel hides nuts for winter, but sometimes forgets where it put them!

✦*O veveriță ascunde nuci pentru iarnă, dar uneori uită unde le-a pus!*

Gorilla
Gorilă

Pets
Animale de Companie

Canary
Canar

✦ A frog can breathe through its skin as well as its lungs!
✦ *O broască poate respira atât prin piele, cât și prin plămâni!*

Guinea Pig
Porcușor de Guineea

Frog
Broască

Hamster
Hamster

Goldfish
Peștișor auriu

Dog
Câine

◆ Some parrots can copy words and even laugh like a human!

◆ *Unii papagali pot imita cuvinte și chiar râd ca un om!*

Parrot
Papagal

Cat
Pisică

Animals at the Farm
Animale de la Fermă

Cow
Vacă

Chicken
Găină

Duck
Rață

Sheep
Oaie

Horse
Cal

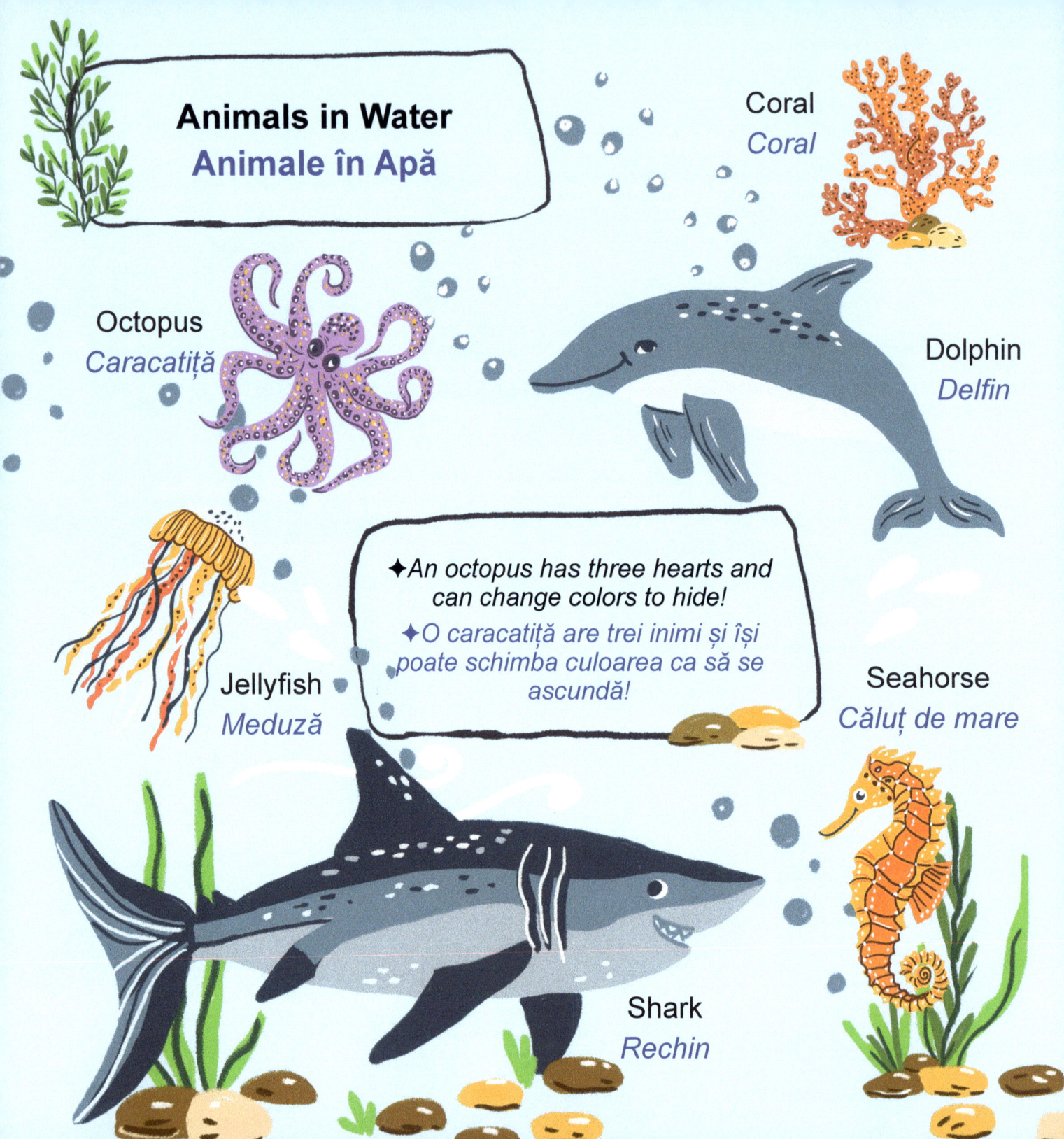

Mosquito
Țânțar

Dragonfly
Libelulă

✦ A dragonfly was one of the first insects on Earth, even before dinosaurs!

✦ *O libelulă a fost unul dintre primele insecte de pe Pământ, chiar înaintea dinozaurilor!*

Butterfly
Flulure

Bee
Albină

Ladybug
Buburuză

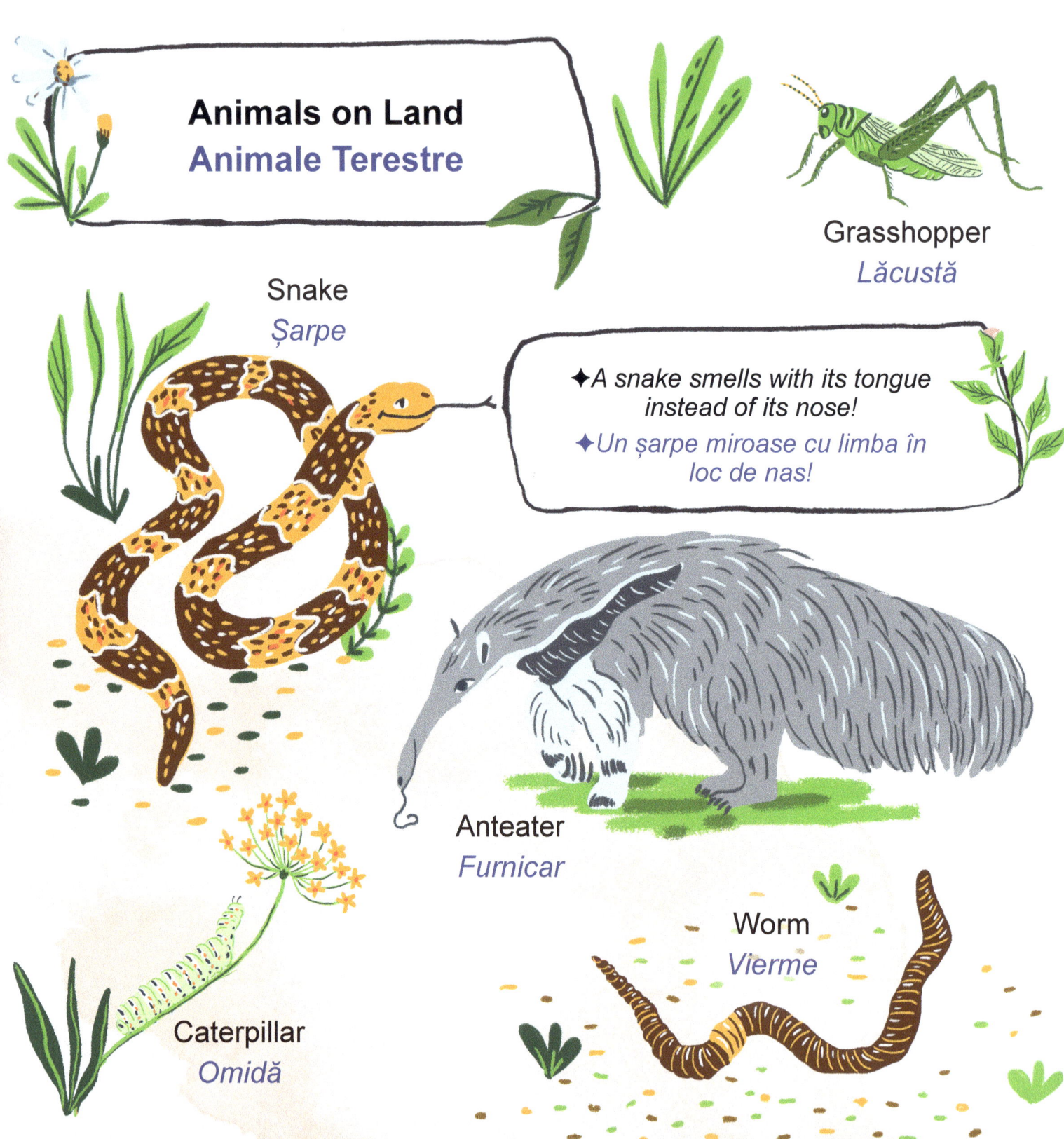

Small Animals
Animale Mici

Chameleon
Cameleon

Spider
Păianjen

✦ An ostrich is the biggest bird, but it cannot fly!
✦ *Un struț este cea mai mare pasăre, dar nu poate zbura!*

Bee
Albină

✦ A snail carries its home on its back and moves very slowly.
✦ *Un melc își poartă casa pe spate și se mișcă foarte încet.*

Snail
Melc

Mouse
Șoarece

Quiet Animals
Animale Liniștite

Turtle
Broască țestoasă

Ladybug
Buburuză

✦ A turtle can live both on land and in water.
✦ *O broască țestoasă poate trăi atât pe uscat, cât și în apă.*

Fish
Pește

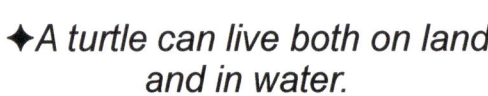

Lizard
Șopârlă

Owl
Bufniță

Bat
Liliac

✦An owl hunts at night and uses its hearing to find food!
✦*O bufniță vânează noaptea și își folosește auzul pentru a găsi hrană!*

✦A firefly glows at night to find other fireflies.
✦*Un licurici luminează noaptea pentru a găsi alți licurici.*

Raccoon
Raton

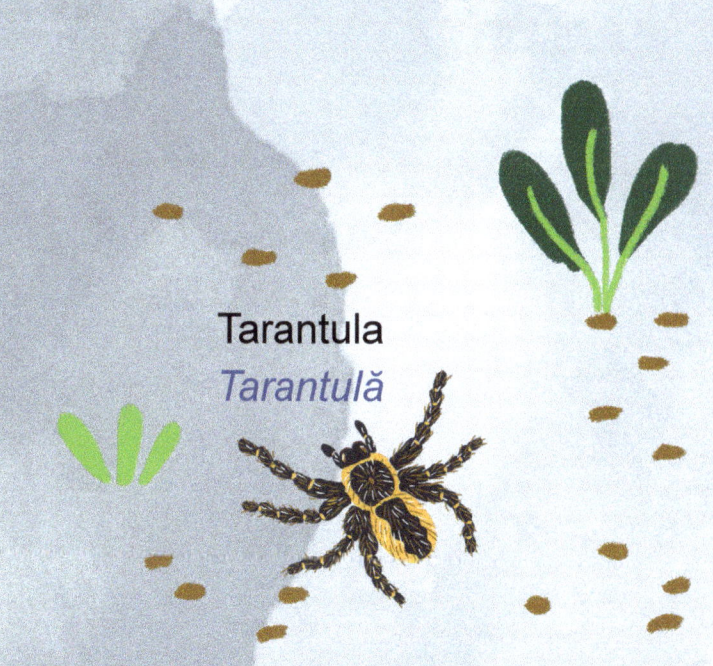

Tarantula
Tarantulă

Colorful Animals
Animale Colorate

A flamingo is pink
Un flamingo este roz

An owl is brown
O bufniță este maro

A swan is white
O lebădă este albă

An octopus is purple
O caracatiță este violet

A frog is green
O broască este verde

✦ A frog is green, so it can hide among the leaves.
✦ *O broască este verde, așa că se poate ascunde printre frunze.*

Animals and Their Babies
Animale și Puii Lor

Cow and Calf
Vacă și Vițel

Cat and Kitten
Pisică și Pisoi

✦ A chick talks to its mother even before it hatches.
✦ *Un pui vorbește cu mama lui chiar înainte să iasă din ou.*

Chicken and Chick
Găină și Pui

Dog and Puppy
Câine și Cățeluș

Butterfly and Caterpillar
Fluture și Omidă

Sheep and Lamb
Oaie și Miel

Horse and Foal
Cal și Mânz

Pig and Piglet
Porc și Purcel

Goat and Kid
Capră și Ied

www.ingramcontent.com/pod-product-compliance
Lightning Source LLC
LaVergne TN
LVHW072058060526
838200LV00061B/4766